AF509535

DE LA MUTUALITÉ MARITIME
en Algérie

La Société d'Assurances Mutuelles de Bône

Par M. Jean STÉPHAN
Administrateur de l'Inscription Maritime à Bône

Le principe de la Mutualité est aujourd'hui connu sur les côtes de France, dans les quartiers d'inscription maritime.

Ses réalisations commencent seulement à prendre une certaine importance, à se généraliser. Elles étaient encore rares il y a seulement six ou sept années.

Et cependant, dès cette époque, de généreuses initiatives voulaient déjà faire connaître et implanter la Mutualité dans les quartiers d'Algérie.

Ces initiatives n'étaient-elles pas prématurées? Les échecs subis en France ne devaient-ils pas se répéter en Algérie, nécessairement, et plus nets, et plus définitifs peut-être?

Une *brève étude de la population maritime des quartiers algériens* suffit pour donner la conviction qu'il fallait, à cette époque, une foi profonde, une grande volonté de bien faire, un dévouement absolu aux intérêts de cette population pour songer et pour travailler avec cœur à l'amener à la connaissance et au partage des bienfaits de la Mutualité.

Un examen des résultats obtenus montre que les efforts n'ont pas été vains : une société mutuelle a été créée en Algérie, dans le quartier de Bône, et cette société, après avoir végété pendant quelques années, semble aujourd'hui avoir triomphé définitivement des obstacles qui devaient rendre impossible son existence et qui n'ont pu, grâce aux dévouements qui se sont manifestés, que retarder sa création et paralyser son développement pendant plusieurs années.

I

De la population maritime des quartiers d'Algérie ou des obstacles à la mutualité maritime en Algérie.

La population maritime des quartiers d'Algérie diffère essentiellement de la population des quartiers de France.

Elle présente une certaine originalité.

Cette originalité, due à trois facteurs principaux : le défaut d'instruction ; la diversité des origines ; la diversité des intérêts, ne peut précisément, semble-t-il, que la laisser étrangère, sinon réfractaire aux idées de mutualité et de solidarité.

Du défaut d'instruction.

Les mutualistes attribuaient leurs échecs, dans les quartiers de France, à l'insuffisance d'instruction de la population maritime. Ils devaient lutter, en Algérie, contre un défaut d'instruction presque complet.

Les 5/10 des inscrits algériens sont illettrés ; les 3/10 savent lire, écrire, plus ou moins ; les 2/10 savent lire, écrire et calculer. Le nombre des inscrits pouvant justifier d'une instruction égale à l'instruction moyenne des inscrits des quartiers de France ne dépasse pas les 4/10 de la population maritime des quartiers.

Le défaut d'instruction est manifeste même chez les jeunes gens et les enfants. Il provoque, actuellement, une grave crise de l'apprentissage dans les quartiers algériens, les prescriptions de la circulaire du 25 octobre 1912, relatives aux conditions d'instruction à exiger des candidats à l'inscription provisoire, ayant été imposées aux inscrits des quartiers d'Algérie.

Les fils des inscrits algériens étant illettrés, en général, ne peuvent plus être inscrits maritimes avant l'âge de 16 ans. Fils de familles pauvres, ils travailleront à terre dès l'âge de 12 ans. Ils ne songeront pas, à l'âge de 16 ans, à quitter le métier qu'ils auront appris pour commencer à naviguer. Ainsi, les mousses font aujourd'hui défaut ; le personnel en général fera défaut dans quelques années.

Et, cependant, la loi du 16 juin 1881 sur la gratuité de l'enseignement primaire, la loi du 28 mars 1882 sur l'instruction primaire obligatoire ont été rendues applicables à l'Algérie depuis 1886. J'ai hésité d'abord à le croire et, plus tard, quand j'ai dû me rendre à l'évidence du texte, je n'ai pas voulu admettre que les parents seuls étaient coupables...

De la diversité des origines.

La population maritime de la côte algérienne comprend 7,815 inscrits maritimes.

Le quartier d'Alger a 3,174 inscrits, dont 2,311 naturalisés, 439 Français d'origine, 424 indigènes.

Le quartier d'Oran a 2,223 inscrits, dont 1,103 naturalisés (850 Espagnols, 253 Italiens), 955 Français d'origine, 165 indigènes.

Le quartier de Bône a 1,184 inscrits, dont 1,069 naturalisés d'origine italienne, 87 Français d'origine, 28 indigènes.

Le quartier de Philippeville a 1,234 inscrits, dont 948 Italiens, 10 Espagnols, 180 indigènes, 66 Français de naissance.

Ainsi, la population maritime des quartiers d'Algérie est formée de quatre éléments : l'élément italien, l'élément français d'origine, l'élément espagnol, l'élément indigène.

Les étrangers naturalisés conservent leur langue maternelle, leurs traditions, leurs mœurs et, même, les coutumes de leur pays d'origine.

Les indigènes, naviguant à la petite pêche, demeurent dans leur propre pays. Ils sont encore, de ce fait, moins sensibles que les naturalisés à l'influence française.

La fusion de ces divers éléments, leur francisation sont donc très lentes à venir.

Peut-il en être autrement, l'élément français n'étant pas l'élément dominant?

Diversité d'intérêts.

Les genres de pêche pratiqués dans un quartier d'Algérie sont plus nombreux, plus divers que dans les quartiers de France. On trouve, dans un même quartier d'Algérie, des pêcheurs au filet-bœuf, des pêcheurs au tartanon, à la bouliche, au lamparo, des palangriers, des corailleurs...

Ces pêcheurs forment de petits clans dans un quartier, clans qui s'ignorent, ou qui, au contraire, entretiennent de vives rivalités, suivant que l'industrie de l'un porte ou ne porte pas préjudice à l'industrie de l'autre.

Le pêcheur au lamparo ignore le corailleur, le corailleur ignore le langoustier, mais le pêcheur au bœuf sera le rival acharné du palangrier.

Les pêcheurs au bœuf eux-mêmes se divisent en deux groupes ennemis : ceux qui naviguent à la voile, d'une part (balancelles de Bône et de Philippeville, pareilles d'Oran), et, d'autre part, ceux qui sont embarqués sur les chalutiers à vapeur.

De cette diversité, de cette opposition d'intérêts, de cette diversité d'origine, il ne peut résulter entre gens sans instruction qu'un état d'esprit absolument étranger à toute idée de solidarité, de mutualité.

Cet état d'esprit se manifeste tout particulièrement chez les deux éléments qui constituent, dans les quartiers d'Algérie, les deux groupes les plus importants et les plus opposés : les pêcheurs au bœuf, d'une part ; d'autre part, ceux qui se sont désignés eux-mêmes sous le nom de « petits pêcheurs », pêcheurs au tartanon, palangriers, etc.

Etudions la rivalité qui divise ces deux groupes, dans le quartier de Bône, par exemple, pour mieux faire ressortir les difficultés auxquelles devaient se heurter ceux qui songeaient généreusement à créer, en Algérie, des œuvres de Mutualité.

Les pêcheurs au bœuf, d'origine essentiellement italienne, sont venus implanter leur industrie dévastatrice dans le quartier de Bône, après avoir été chassés successivement de Turquie, de Grèce, de Tunisie. Appelés autrefois « hirondelles de la mer », à cause de leurs incessantes pérégrinations, ils semblent s'être fixés définitivement dans le quartier, y jouissant sans doute d'une législation plus large, plus tolérante, d'une liberté, d'une impunité plus grandes. Ils ont mis en coupe réglée les fonds poissonneux du littoral, du golfe de Bône, en particulier ; ils ont travaillé à leur épuisement, chaque jour, avec énergie, ne se souciant ni des règlements destinés à assurer la protection des fonds, la reproduction des espèces, ni des conséquences fatales de leur travail insensé. Ils ont appauvri, puis ruiné les fonds côtiers, artisans énergiques de leur prochaine misère et de celle de toute la population maritime du quartier, sous les yeux d'une Administration impuissante, d'un service de surveillance insuffisamment armé pour assurer le respect de règlements eux-mêmes insuffisants.

Aussi, les annales du quartier sont-elles remplies des *échos* de la lutte entreprise contre les pêcheurs au bœuf, par les « petits pêcheurs ». Naturalisés depuis de longues années, ces « petits pêcheurs » ont formé l'élément stable et l'élément le plus francisé du quartier. Laborieux, ils ont lutté désespérément, cherchant à compenser par un surcroît de travail une pêche de moins en moins fructueuse. Le travail ne suffisant plus, ils ont sollicité, en leur faveur, l'intervention des pouvoirs publics. Ils n'ont pas reçu les satisfactions attendues : ils ont persévéré dans leur lutte, désespérément.

Ainsi se fait plus grande chaque jour la barricade qui sépare les deux principaux groupes de pêcheurs du quartier de Bône.

Cette lutte se poursuit également dans les autres quartiers d'Algérie. Elle s'est manifestée violente, lors du passage de M. Rivelli, à Oran, en septembre dernier. Les incidents furent sans grande importance immédiate, mais ne méritent-ils pas une sérieuse attention ?

Pouvait-on songer à réunir dans une œuvre commune — fût-ce dans un but d'intérêt commun — les éléments divisés, disparates de cette population maritime encore instable et sans instruction ?

Une initiative prématurée, aboutissant peut-être à un échec absolu, retentissant, ne risquait-elle pas de compromettre l'avenir de la Mutualité dans les quartiers d'Algérie ?

Il était préférable, disaient les sages, d'attendre quelques années encore, d'attendre que les essais tentés en France, sur un *terrain* infiniment plus propice, aient donné des résultats plus encourageants, d'attendre que l'instruction ait travaillé les jeunes générations, éveillant les intelligences, faisant découvrir par delà les vieilles querelles le lien étroit de la solidarité...

C'eût été attendre trop longtemps. Il eût fallu s'armer de patience, d'indifférence, pendant de trop longues années.

Le succès était possible, il fallait le tenter.

M. l'administrateur de l'inscription maritime Théry, chef du quartier de Bône, fut l'ardent promoteur du mouvement. Il voulut créer une société mutuelle dans le quartier. Il fit des adeptes. Il réalisa son généreux projet, triomphant des obstacles qui avaient paru insurmontables aux mutualistes les plus dévoués et les plus convaincus.

J'ai l'honneur d'attirer l'attention de tous ceux que peut intéresser un premier essai de Mutualité maritime en Algérie, sur la Société mutuelle de Bône, sur sa création, son organisation, son développement.

II

Résultats obtenus.

De la Société d'assurances mutuelles de Bône.
Création. — Organisation. — Développement.

I. — Création.

M. l'administrateur de l'inscription maritime Théry adresse, le 31 janvier 1907, à M. le chef du service administratif de la Marine en Algérie, le rapport suivant :

« En réponse à la dépêche du gouverneur général de l'Algérie en date du 7 janvier courant, je vous fais connaître que, depuis mon arrivée à Bône, je m'occupe activement de développer, dans la population maritime de ce port, les idées de mutualité qui amèneraient la création de sociétés de secours mutuels et de prévoyance entre les marins. Mes efforts ont été vains, car je me trouve en présence d'une population en voie de formation dont les divers éléments n'ont pas encore eu le temps de se fusionner pour former un tout homogène ayant, par conséquent, les mêmes aspirations. A l'heure actuelle la population maritime, essentiellement composée de naturalisés de fraîche date, n'a ni l'instruction ni l'homogénéité voulues pour recevoir avec fruit les principes de solidarité.

« Toutefois, il ne faut pas désespérer, car j'ai été déjà à même de constater que mes efforts pourraient, dans un avenir incertain, être couronnés de succès, mais il m'est absolument impossible, à l'heure actuelle, de préciser cette impression.

« Quel que soit le moment où nous arriverons à ce résultat heureux, il n'est pas douteux que la population maritime aura besoin d'un concours financier sérieux, car elle est d'une pauvreté qui ne peut lui permettre de constituer elle-même les sociétés de prévoyance, de secours et de crédit mutuels dont elle a grand besoin.

« En résumé, la question est à réserver pour le moment et à reprendre quand l'Administration de la Marine sera parvenue, à force de patience, à lui inculquer les principes de mutualité les plus élémentaires. »

M. l'administrateur Théry travaille ardemment à la réalisation de son généreux projet.

Il parvient en moins de quatre mois, plus tôt même qu'il ne l'espérait, à créer dans son quartier une œuvre de mutualité.

Dès le 6 mai 1907, il peut rendre compte à M. le chef du service administratif de la Marine en Algérie, des résultats acquis : « J'ai la grande satisfaction, écrit-il dans son rapport du 6 mai, de vous transmettre ci-joint les statuts de la Société d'assurances mutuelles de matériel de pêche et de navigation que je viens de parvenir à créer dans le quartier de Bône.

« Je vous prierai de bien vouloir les transmettre avec avis favorable à M. le Ministre de la Marine, pour approbation, conformément à la circulaire du 31 décembre 1899. (B. O., p. 1080).

« Comme je vous le disais dans une de mes précédentes notes, la création de cette Société n'a pas été chose aisée et si je n'avais eu la profonde conviction du bien qu'en retirerait la population maritime, j'aurais abandonné une entreprise qui, plusieurs fois, a failli échouer.

« Enfin, à force de patience, j'ai fini par convaincre la grande majorité des armateurs et propriétaires du quartier. je suis parvenu à grouper les bonnes volontés. »

. . . .

Les statuts furent approuvés. Le matériel assuré fut recensé, estimé. La Société pouvait fonctionner dès le mois de septembre 1907.

La Mutualité maritime avait réellement franchi la Méditerranée.

II. — *Organisation.*

La Société que vient de créer M. Théry est une société d'assurances mutuelles entre les marins du quartier de Bône.

Elle a pour but : de venir en aide, dans la limite de ses ressources annuelles, aux patrons pêcheurs et borneurs, armateurs, inscrits ou non, marins inscrits, propriétaires de bateaux, matériel de pêche ou engins, détruits ou mis hors de service par des événements de mer, de quelque nature qu'ils soient, du moment que la responsabilité de la perte ou des avaries ne peut en être imputée ni à eux ni à des tiers.

Elle comprend des membres « fondateurs », des membres « honoraires » et des membres « participants ».

Le titre de membre « fondateur » est réservé à toute personne qui apportera individuellement un don d'au moins vingt-cinq francs, sans engagement pour l'avenir, et à tout établissement collectif ou corporation qui donnera une somme supérieure à cinquante francs.

Le titre de membre « honoraire » est attribué à toute personne qui, par ses souscriptions annuelles, contribue à la prospérité de la Société, sans participer à ses avantages.

Les membres « participants » comprennent tous les armateurs et propriétaires, inscrits ou non, les veuves d'inscrits, tous les inscrits engagés à la part se servant d'un matériel leur appartenant individuellement ou en commun, qui adhèrent aux présents statuts.

Les ressources de la Société se composent des cotisations des membres participants, des dons des membres fondateurs et honoraires, et des subventions accordées par l'Etat, le département, les communes, les chambres de commerce.

Les cotisations des membres participants sont fixées par une taxe unique établie de la manière suivante sur les engins de navigation et de pêche.

	Armateurs propriétaires inscrits et veuves d'inscrits	Armateurs et propriétaires non inscrits
1º Pour les bateaux y compris les agrès	0 50 % de leur valeur	1 » % de leur valeur
2º Pour les filets.......	2 50 —	3 50 —
3º Pour les cordes.....	1 » —	2 » —

Il est constitué, sur les sommes encaissées par l'Association, un fonds de réserve au moyen d'un prélèvement de 1/5 sur les recettes.

Les 4/5 seront distribués entre les ayants droit suivant les règles tracées par les statuts et le reliquat versé au fonds de réserve.

Il ne peut être opéré aucun prélèvement sur le fonds de réserve, tant qu'il n'a pas atteint un minimum de 10,000 fr.

Dès que le fonds de réserve aura atteint lui-même la somme

de 20,000 francs, il y aura lieu de procéder à la révision des statuts et de diminuer le taux des cotisations.

La Société est administrée, sous le contrôle de l'assemblée générale des membres participants, par un bureau composé :

De l'administrateur de l'inscription maritime, président ;

D'un capitaine au long cours ou maître au cabotage, ou ancien patron pêcheur ou borneur ;

De cinq membres participants, dont trois appartenant au port de Bône, un appartenant au port de La Calle, et un appartenant au port d'Herbillon, délégués par les Sociétaires ;

D'un secrétaire-trésorier, chargé de la tenue des comptes et des écritures, choisi en dehors de la Société.

Le capitaine au long cours ou son suppléant et le secrétaire-trésorier sont nommés par les six autres membres, sur la proposition de l'administrateur de l'inscription maritime.

Les délégués sont élus en assemblée générale annuelle, pour un an. Nul ne peut être membre du bureau s'il n'est inscrit maritime et majeur et s'il ne jouit de ses droits civils et politiques. Deux membres délégués suppléants sont également élus.

En principe, toutes les fonctions sont gratuites ; néanmoins une indemnité, fixée chaque année par le bureau, sans pouvoir dépasser le chiffre de 120 francs, peut être allouée au secrétaire-trésorier.

Le bureau se réunit obligatoirement dans le local de l'inscription maritime deux fois par an, dans la première moitié du mois de janvier, dans la deuxième moitié du mois de septembre et, éventuellement, chaque fois qu'il est convoqué par son président.

Le bureau fixe en dernier ressort la valeur des navires et engins visités et estimés préalablement par un Comité local. Il gère le fonds social, concède les indemnités et prononce d'une manière générale sur toutes les difficultés, auxquelles peuvent donner lieu l'application ou l'interprétation des présents statuts.

Un comité local, composé : pour le port de Bône, du syndic des gens de mer, pour le port de La Calle, du préposé à l'inscription maritime, et pour le port d'Herbillon, du garde maritime, président ; de deux armateurs inscrits ou patrons propriétaires, élus tous les ans en assemblée générale, est particulièrement chargé de la visite et de l'estimation des navires et engins que l'on demande à faire assurer.

Le Comité local veille à ce que les bateaux assurés soient entretenus en bon état de navigabilité et signale au bureau les propriétaires qui se refuseraient aux réparations indispensables et ceux dont les embarcations ne sont pas susceptibles d'être assurées, soit par suite de leur âge, soit à cause des avaries antérieures compromettant leur solidité, soit enfin en raison des dangers spéciaux auxquels leur affectation les expose.

Quant au matériel de pêche, le Comité local s'assure seulement qu'il est bien entretenu et en état d'être mis à la mer sans crainte d'avaries prochaines et que le sociétaire n'emploie pas, dans l'année, un nombre de filets ou d'engins plus considérable que celui qu'il a déclaré vouloir faire taxer.

Il reçoit les déclarations de perte et d'avaries, les instruit et soumet des propositions au bureau sur la suite qu'elles comportent.

Seules les pertes et avaries résultant de circonstances de force majeure donnent droit à une indemnité. Elles doivent avoir été faites en mer et ne pas donner droit à une indemnité spéciale. Sont donc exclues de l'assurance les avaries faites à l'intérieur des ports ou bien en mer par un navire pouvant être rendu responsable des dégâts survenus.

Les sociétaires sont indemnisés en fin d'année et au centime le franc, des pertes qu'ils ont subies du 1er janvier au 31 décembre. Cette répartition est faite par le bureau en toute équité et en tenant compte des propositions locales.

Les pertes d'une valeur inférieure à 20 fr. ne donnent droit à aucune allocation.

Au commencement de chaque gestion, les associés se réunissent en assemblée générale pour prendre connaissance de la situation de la caisse.

La gestion s'ouvre le 1er octobre et se termine le 30 septembre.

L'assemblée ratifie les comptes de la gestion écoulée et statue sur toutes les questions qui lui sont soumises par le bureau ou par les associés présents.

Le 20 octobre 1907, l'assemblée générale se réunit pour la première fois.

Il est procédé à la constitution du bureau et des comités locaux ; les inscrits : Rapa (Albert), Saragossa (Jean), Fabiano (Louis), Torre (André) et Sportiello (François) sont élus membres du bureau.

Les premiers résultats dépassent les meilleures espérances. La Société compte bientôt 40 membres ; son capital social atteint 1,500 fr.

III. — De l'histoire de la Société depuis sa création.

Les dévoués promoteurs de la Mutualité en Algérie avaient été compris, leur appel entendu.

Le nombre des membres participants dépassait les prévisions.

MM. Thomson, ministre de la Marine, député ; Marchis, conseiller général, maire de la ville de Bône ; Gelas, conseiller général, maire de la ville de La Calle ; Pétrolacci, conseiller général, premier adjoint au maire de la ville de Bône ; Bertagna, conseiller général ; Journet, conseiller municipal, secrétaire de la Chambre de commerce ; Pancrazi, conseiller municipal, négociant ; Teddé, conseiller municipal, armateur ; Chevreux, correspondant du Muséum, demandaient leur adhésion en qualité de membres fondateurs.

Les encouragements, les témoignages de sympathie reçus de toutes parts laissaient espérer que des membres honoraires viendraient nombreux donner, à une jeune Société qui tentait en Algérie une véritable innovation si digne d'intérêt, leur appui moral et financier.

Feu de paille !

Le nombre des participants variait de une à deux unités par an. Les membres honoraires se laissaient attendre. Le bureau ne recevait aucune nouvelle demande d'admission en qualité de membre fondateur.

Les mois vinrent dissiper les illusions, anéantir les espérances. Loin de prospérer, la Société végétait et quelques-uns de ceux qui avaient été les apôtres les plus zélés, pendant la période de création, songeaient parfois, découragés, à la nécessité d'une dissolution prochaine.

Il est aujourd'hui facile d'expliquer la crise subie par la Société dès les premières années de sa création, après un début qui avait fait naître les meilleures espérances.

Trois ou quatre causes particulières, véritablement déterminantes, ont provoqué cette crise, indépendamment des causes générales qui ont fait échouer tous les essais de mutualité maritime tentés dans les autres quartiers d'Algérie et qui n'ont pu au moins que retarder le développement de la Société de Bône.

M' l'administrateur Théry avait eu l'heureuse fortune de grouper, dès la constitution de la Société, toute l'élite de la population maritime du quartier. Cette élite l'avait entendu, elle l'avait suivi peut-être consciente, plutôt confiante. Il fallait d'abord catéchiser cette élite, puis rechercher de nouveaux adhérents, attaquer le bloc résistant des rebelles et des réfractaires. Quelques mois ne pouvaient suffire, pour faire comprendre la Mutualité à des hommes sans instruction, parlant peu ou pas le français, tout entiers à leurs querelles intestines, à leurs vieilles rivalités de clans. Les efforts les plus généreux ne pouvaient avoir des résultats immédiats. On devait s'y attendre et par conséquent ne pas se laisser aller au découragement.

D'autre part, le but même que se donnait cette jeune Société était trop ambitieux. Il menaçait d'entraver son développement, de provoquer sa ruine. .

On voulait implanter la Mutualité maritime en Algérie. Il fallait écarter délibérément toutes les causes d'échec et, notamment, restreindre le champ d'action de la première Société mutuelle. On devait se borner à donner exemple. Il fallait pour cela frapper fort, mais frapper sur un seul point bien déterminé, prudemment limité.

La Société assurait le matériel et les engins de pêche. Il eût été sage d'assurer soit le matériel, soit les engins.

Il eût été prudent de ne pas assurer les engins.

Les pertes de matériel peuvent être tenues pour certaines, après enquête. Les avaries sont évidentes. Les pertes d'engins de pêche, au contraire, sont difficiles à constater. Il faut, le plus souvent, croire, sans contrôle possible, les déclarations des intéressés. D'autre part, les pertes d'engins de pêche ne sont pas toujours définitives. Un filet perdu peut être pêché les jours suivants. Les palangriers, travaillant dans le quartier sur des fonds de roches, perdent et retrouvent leurs lignes, constamment. Comment constater le droit à indemnité? Comment en déterminer le montant?

Autoriser l'assurance des engins, c'était faire la plus grande

confiance aux membres de la Société, mutualistes d'hier ;
c'était, par conséquent, commettre une grave imprudence.

Les mauvais résultats ne se firent pas attendre. Les déclarations de pertes d'engins affluèrent. La fraude fut constante. Les abus furent tels que les participants les plus dignes et les plus dévoués, ceux qui voyaient dans la Société un moyen non pas de réaliser des bénéfices indûment, mais de remédier dans une certaine mesure aux misères inhérentes à leur profession, demandèrent une modification des statuts.

Il fut décidé, à l'assemblée générale du 13 mars 1910, que les nasses et les palangres ne seraient plus assurées. L'assemblée générale du 4 décembre 1910 compléta la réforme : les participants votèrent à l'unanimité le texte suivant : « Seul le matériel de navigation sera assuré à l'avenir ».

La Société se dégageait d'une surcharge qui avait failli provoquer sa ruine et qui avait eu une répercussion déplorable sur ses ressources financières, sur son développement.

Enfin, l'histoire de la Société nous donne un exemple des fâcheux résultats que peuvent provoquer des mutations trop fréquentes dans le corps des administrateurs de l'inscription maritime.

M. l'administrateur Théry fut affecté au quartier du Havre, par décision ministérielle du 26 mai 1911. A cette époque, la Société ne s'était pas encore relevée du préjudice que lui avait porté l'assurance des engins de pêche. De plus, des fissures devenaient évidentes dans le bloc mutualiste. Le désintéressement des uns, la mauvaise foi des autres décourageaient les meilleures volontés. La Société subissait une nouvelle crise et celui qui avait été son fondateur, son directeur zélé et vigilant, devait l'abandonner à ce moment même.

Le quartier demeura sans administrateur. L'intérim fut confié à M. le commis de 3ᵉ classe Foll. Cet agent, débordé par le travail de direction et d'exécution qui lui incombait, ne pouvait disposer du temps matériel nécessaire pour se consacrer très utilement à la Société d'assurances.

La Société semblait menacée d'une dissolution prochaine.

La circulaire du 21 mars 1912 faillit lui donner le coup de grâce. Les administrateurs n'occuperont plus les fonctions de président ; les fonctions de secrétaires, chargés de la tenue des archives, ou de trésoriers, chargés de percevoir les cotisations, jugées peu compatibles avec l'emploi officiel qu'occupent les agents de la Marine, devront être confiées en principe à des membres du Conseil d'administration de ces sociétés.

Cette circulaire souleva des difficultés d'application qui parurent insurmontables au début. Les mutualistes les plus ardents demandèrent la dissolution de la Société. M. le commis Foll résista, priant d'attendre l'arrivée prochaine de l'administrateur. On attendit. Mais la dissolution de la Société était décidée. L'administrateur serait chargé de la liquidation dès son arrivée au quartier.

M. l'administrateur de l'inscription maritime Robinet de Plas fut nommé chef du quartier de Bône, par décision ministérielle du 4 novembre 1912. La question de la dissolution de la Société se posa immédiatement. Il la résolut.

M. l'administrateur Robinet de Plas repoussa le projet de dissolution. Il réunit ceux qui avaient été les plus dévoués collaborateurs de M. l'administrateur Théry. Il leur demanda instamment de tenter un dernier effort. Il fut écouté. L'assemblée générale se réunit le 2 février 1913.

Les statuts furent revisés conformément aux prescriptions de la circulaire du 21 mars 1912 et soumis à l'approbation ministérielle.

L'approbation ne vint pas immédiatement.

Heureux retard ! Les prescriptions de la circulaire du 21 mars 1912 restaient inappliquées. Le chef du quartier et son personnel conservaient la direction effective de la Société...

M. l'administrateur de Plas ne put réaliser ses projets. Le 17 avril 1913, une décision ministérielle l'affectait au quartier d'Oran, et cette même décision me donnait la direction du quartier de Bône.

La Société avait eu 4 présidents, de juin 1911 à juin 1913! Elle subissait une crise depuis 1910-1911. Elle avait besoin, par conséquent, d'une direction constante, soutenue. Cette direction lui faisant défaut, elle vivait sans guide, désemparée, menacée d'une dissolution prochaine, attendue.

Ainsi la Société d'assurances mutuelles de Bône avait dû lutter, depuis sa fondation, non seulement contre les obstacles généraux que doit rencontrer tout essai de mutualité en Algérie, mais encore contre les conséquences extrêmement préjudiciables de certains faits particuliers, de certaines fautes.

Ces causes diverses, causes générales, causes particulières, avaient arrêté son développement. L'actif social était de 2,822 francs en janvier 1910, de 3,200 francs en janvier 1913. La Société comptait 50 membres en janvier 1910, 51 membres en janvier 1913.

Des crises fréquentes avaient jeté le découragement parmi les membres les plus dévoués, les plus convaincus, augmentant le nombre des désintéressés, de ceux qui réclamaient instamment la dissolution, hésitant encore à quitter d'eux-mêmes, individuellement, une société qu'ils avaient fondée.

A mon arrivée au quartier de Bône — le temps mort que provoque toujours une prise de service passé, — j'étudiai avec le plus grand intérêt ce premier essai de Mutualité maritime tenté en Algérie.

Je fis mien le projet de M. l'administrateur Robinet de Plas, de tenter un dernier effort pour faire revivre la Société et, mettant à profit le retard apporté à l'approbation des nouveaux statuts, secondé généreusement par MM. Di Maccio, Donato,

Rapa, Vallès, le syndic des gens de mer Baretge, le garde maritime Pelherbe, je m'efforçai immédiatement de le réaliser.

Nos efforts n'ont pas été vains.

Nous avons raffermi les bonnes volontés découragées.

Nous avons montré les avantages de la Mutualité en donnant la plus grande publicité possible aux indemnités que nous accordions, après chaque sinistre, après chaque accident.

Nous avons réduit la fraude en marquant soigneusement au moyen d'un poinçon à feu le matériel assuré.

Lors de mon inspection du préposat de La Calle, au mois d'octobre 1913, je réunis à l'inscription maritime les armateurs susceptibles d'entrer dans la Société, je leur dis mon étonnement de les voir demeurer indifférents ou rebelles au mouvement de mutualité entrepris par leurs collègues de Bône. Secondé par M. le préposé Drouard, je m'efforçai de leur faire comprendre le but, les avantages de la mutualité. Quelques-uns m'objectèrent : « Il est inutile de nous assurer ; quand le bateau coule, nous coulons aussi !... nous n'avons pas d'argent, nous ne pourrons pas payer nos cotisations... vous nous faites trop de procès-verbaux », etc., etc.

Ils finirent par se laisser convaincre.

Onze propriétaires donnèrent leur adhésion à la Société...

Je réunis l'assemblée générale le 18 janvier 1914.

J'eus la grande satisfaction de faire connaître aux sociétaires les résultats des efforts tentés pendant l'année.

L'actif social avait passé de 3,200 francs à 3,700 francs ; la Société comptait 50 membres en janvier 1910, 51 membres en janvier 1913, 74 membres en janvier 1914.

Les craintes de dissolution n'étaient plus fondées. La Société n'avait jamais été plus forte ; elle n'avait jamais montré une telle vitalité.

Puisant le plus grand réconfort, les plus légitimes espérances dans les résultats obtenus en une année, tous les adhérents devaient devenir de fervents apôtres de la Mutualité. Un certain désintéressement n'était plus permis. Ils ne devaient plus seulement verser leurs cotisations d'une manière plus ou moins régulière, laissant aux administrateurs — membres du bureau, ou des comités locaux — le soin de catéchiser les rebelles, de recruter de nouveaux membres, ils devaient encore travailler eux-mêmes ardemment, dans leur propre intérêt, au plus grand développement de la Société, profitant de toutes les occasions, du plus petit accident, pour démontrer les avantages, la nécessité de la Mutualité maritime.

Puisse cet appel être entendu!

Le jour où les participants propageront eux-mêmes les principes de la mutualité, ce jour-là seulement le rêve de M. l'administrateur Théry, de grouper dans une société d'assurances mutuelles tous les petits armateurs, inscrits ou non inscrits du quartier, deviendra réalisable.

Ainsi le quartier de Bône a eu la généreuse volonté de tenter un effort que tous jugeaient prématuré, voué à l'échec.

Il a réalisé son but.

Les principes de mutualité, de solidarité, ont pénétré dans les clans ennemis de sa population maritime.

Une Société mutuelle, Société d'assurances pour pertes de matériel, a été créée dès l'année 1907, et cette Société, après avoir lutté pour son existence pendant sept années, paraît aujourd'hui devoir vivre et prospérer.

Et cependant cette Société demeure peu connue, à Bône même!

Ses dirigeants ont travaillé énergiquement, avec le plus grand dévouement. Ils ont travaillé dans l'ombre. Ils ont eu tort.

J'estime, au contraire, qu'il faut faire connaître cette Société, et c'est dans ce but que j'ai tenu à porter son nom, à présenter son histoire au Congrès national des pêches maritimes.

J'estime qu'il faut la faire connaître, parce qu'elle constitue un exemple, une originalité, hélas! sur le littoral algérien, et parce qu'elle doit recevoir ainsi les concours généreux qu'elle escomptait et qui lui ont fait défaut. Je ne puis croire, en effet, que les mauvais jours, sur la côte, éveillent seulement au cœur de ceux qui voient de près les deuils et les misères qui les suivent, le *Suave mari magno* du dilettante.

Orléans — Imp. Aug. Gout et Cⁱᵉ

www.ingramcontent.com/pod-product-compliance
Lightning Source LLC
LaVergne TN
LVHW011436170726
843501LV00009B/3229